gente

gente

Guía de soluciones del libro de trabajo 2

Autores:
Ernesto Martín Peris
Pablo Martínez Gila
Neus Sans Baulenas

Redacción:
Eduard Sancho Rutllant
Corrección y coordinación editorial:
Núria París Camí

Diseño:
Estudio Viola
Maquetación:
Núria París Camí

Ilustraciones:
Pere Virgili / Àngel Viola

1ª edición - mayo 1999
2ª edición - septiembre 2000

ISBN: 84-89344-70-1
Depósito Legal: B-24268-99

Impreso en España por Torres i Associats, Barcelona

DIFUSION

Centro de Investigación y Publicaciones de Idiomas, S.L.
C/Trafalgar, 10 entlo. 1ª - 08010 BARCELONA. Tel. 93 268 03 00 - Fax 93 310 33 40
e-mail: editdif@intercom.es
http://www.difusion.com

gente

Curso comunicativo basado en el enfoque por tareas

Ernesto Martín Peris
Pablo Martínez Gila
Neus Sans Baulenas

2

Guía de soluciones del libro de trabajo

ÍNDICE

NOTA

Esta clave de soluciones ha sido diseñada para facilitarte el trabajo de autocorrección.

Debes tener en cuenta que hay tres tipos de ejercicios:

- aquellos para los que existe una única solución, que es la que encontrarás en esta **Guía**.
- aquellos en los que nos ha parecido adecuado orientarte sobre las posibles soluciones mediante la palabra *ejemplo/s*.
- aquellos que nosotros no hemos resuelto porque dependen de tu propia opinión, nacionalidad, etc.

Recuerda que para la solución de algunos ejercicios, dispones del *Cuaderno de transcripciones del libro de trabajo.*

1

1. **¿Qué haría?** Tener una aventura.
   ¿Con quién? Con Andy García.
   ¿Por qué? Porque le parece guapísimo.

2. **¿Qué haría?** Visitar Chile.
   ¿Con quién? Con Isabel Allende.
   ¿Por qué? Porque le encantan sus libros y porque cree que sería fantástico conocer Santiago de Chile con ella.

3. **¿Qué haría?** Viajar por todo el mundo e ir a los grandes torneos de tenis.
   ¿Con quién? Con Marcelo Ríos.
   ¿Por qué? -

4. **¿Qué haría?** Pasar un fin de semana.
   ¿Con quién? Con Cameron Díaz.
   ¿Por qué? Porque le parece una mujer muy interesante, guapa, simpática y seguramente muy divertida.

5. **¿Qué haría?** Subir a un escenario, bailar y cantar.
   ¿Con quién? Con Ricky Martin.
   ¿Por qué? Porque es su ídolo.

6. **¿Qué haría?** Nada.
   ¿Con quién? Con Antonio Banderas.
   ¿Por qué? Porque le cae fatal.

2 *Ejemplos:*

Viajaría a una isla desierta con Alejandro Sanz porque es una persona muy romántica.
No me casaría nunca con Bill Clinton porque seguro que me sería infiel.
Me iría de compras con Michael Jackson porque, como es tan rico, seguro que me compraría muchas cosas.
Nunca haría una película con Robert de Niro porque me parece una persona muy antipática.
Yo saldría de copas una noche con Pedro Almodóvar porque me parece una persona muy divertida.
A mí no me gustaría trabajar con Jesús Gil porque estoy seguro de que nos llevaríamos fatal.
Me encantaría poder charlar un rato sobre literatura con Javier Marías porque seguro que es muy interesante.
Me encantaría hacer una película con Victoria Abril porque parece una persona muy divertida.

3

REGULARES	
Infinitivo	parecer, visitar, encantar, ser/estar, conocer, viajar, ir, pasar, subir, bailar, cantar, caer, casar, comprar, ver , gustar, trabajar, llevar, charlar, dormir, beber
Condicional	parecería, visitaría, encantaría, sería/estaría, conocería, viajaría, iría, pasaría, subiría, bailaría, cantaría, caería, casaría, compraría, vería , gustaría, trabajaría, llevaría, charlaría, dormiría, bebería

IRREGULARES	
Infinitivo	tener, hacer, salir, poner, venir
Condicional	tendría, haría, saldría, pondría, vendría

4

(+)	sociabl**e**, educad**o**/**a**, tranquil**o**/**a**, valient**e**, segur**o**/**a**, optimist**a**, progresist**a**, generos**o**/**a**, tiern**o**/**a**.
(-)	nervios**o**/**a**, pesimist**a**, insegur**o**/**a**, miedos**o**/**a**, conservad**or**/**ora**, complicad**o**/**a**, maleducad**o**/**a**, egoíst**a**, avar**o**/**a**.

6

JULIO

PROFESIÓN: Veterinario en una clínica de perros.
GUSTOS: Le gustan los animales. También le gusta la cocina, la música, sobre todo la de los años 60 y también la de los 70. Y también salir con los amigos, bailar y charlar. No le gustan las discotecas.
AFICIONES: Pasear con el perro, coleccionar sellos y viajar.
MANÍAS: No soporta el olor del tabaco ni las corbatas.

MARCOS

PROFESIÓN: Profesor de gimnasia y monitor.
GUSTOS: Le encanta salir al campo, ir a la playa, salir a bailar los sábados por la noche, la literatura, leer novelas de amor, de intriga y de aventuras.
AFICIONES: Ver la televisión, jugar a las cartas, comer y beber buen vino.
MANÍAS: Es alérgico a los gatos.

7 *Ejemplos:*
1. A Sofía y a María les preocupa el problema del terrorismo.
2. A Ramón le emociona el flamenco.
3. ¿A ti te cae muy mal Pablo?
4. Pues a mí me dan miedo las películas de terror.
5. A Carmen y a mí nos indignan las personas insolidarias.
6. ¿A José y a ti os interesan los ordenadores?

9
1. las arañas
2. los atascos de tráfico
3. una persona
4. limpiar la casa
5. unos niños
6. la política

10

ADJETIVO	SUSTANTIVO
alegre	la alegría
egoísta	el egoísmo
honesto/a	la honestidad
inteligente	la inteligencia

ADJETIVO	SUSTANTIVO
bueno/a	la bondad
bello/a	la belleza
estúpido/a	la estupidez
serio/a	la seriedad

ADJETIVO	SUSTANTIVO
pedante	**la pedantería**
hipócrita	**la hipocresía**
superficial	**la superficialidad**
generoso/a	**la generosidad**

ADJETIVO	SUSTANTIVO
sincero/a	**la sinceridad**
fiel	**la fidelidad**
tierno/a	**la ternura**
dulce	**la dulzura**

Muchos sustantivos derivados de adjetivos terminan en **-dad**, como **bondad**. También hay algunos que terminan en **-ismo**, como **egoísmo**, en **-ía**, como **pedantería** o en **-eza**, como **belleza**. Otros, como **inteligencia**, tienen una terminación diferente.

14
1. a. A mí también, especialmente cuando estoy viendo la televisión en casa.
2. b. Yo tampoco y, además... ¡es carísimo!
3. a. Yo tampoco, me cae muy mal.
4. a. Pues a mí la verdad es que me encantan, sobre todo la Navidad.
5. b. Pues a mí no porque de noche hay menos tráfico.
6. a. A mí también. Creo que es el mejor género de cine.

15 *Ejemplos:*
1. Yo tampoco.
2. Pues a mí no, me encanta el tecno.
3. A mí sí, ¡es un mundo apasionante!
4. A mí también, especialmente las de piratas.

16 *Ejemplos:*

Óscar y Juan tienen la misma edad. /Juan tiene la misma edad que Óscar.

Óscar y Clara van al mismo colegio. /Clara va al mismo colegio que Óscar.

Óscar y Mireia coleccionan lo mismo: sellos. /Mireia colecciona lo mismo que Óscar: sellos.

Vanessa y Ramón tienen la misma edad. /Ramón tiene la misma edad que Vanessa.

Óscar y Ramón leen la misma revista. /Ramón lee la misma revista que Óscar.

Vanessa y Juan son fans de la misma cantante: Mónica Limón. /Juan es fan de la misma cantante que Vanessa.

Clara y Juan comparten una misma afición: ver los dibujos animados de la tele. /Juan comparte la misma afición que Clara: ver los dibujos animados de la tele.

Ramón y Juan van al mismo colegio. /Juan va al mismo colegio que Ramón.

Óscar y Juan pasan las vacaciones en el mismo sitio: Benidorm. /Juan pasa las vacaciones en el mismo sitio que Óscar: Benidorm.

Vanessa y Juan se levantan a la misma hora. /Juan se levanta a la misma hora que Vanessa.

17 **¿Qué?** 3, 18, 21
¿Cuál? 4, 11, 14, 19
¿Con quién? 5, 10, 16
¿Desde dónde? 8, 9, 13
¿Por qué? 1, 7, 12, 20
¿Desde cuándo? 2, 6, 15, 17

Ejemplos:
1. ¿De quién son todos estos discos?
2. ¿Qué tipo de cine te gusta?
3. ¿Con quién vives?
4. ¿A qué hora sueles cenar?
5. ¿Por qué trabajas en el supermercado?
6. ¿Desde cuándo trabajas aquí?
7. ¿Cuál te gusta más?
8. ¿De qué plaza habla tu primo?

18 *Ejemplos:*
¿Qué planes profesionales inmediatos tienes?
¿Cuándo subiste a un escenario por primera vez?
¿De pequeña ya sabías que ibas a triunfar?
¿Cuál es tu color favorito?
¿Con qué directores te gustaría trabajar?
¿Qué tipo de música te gusta?
¿Qué tipo de ropa sueles llevar?
¿Con quién viajas normalmente?
¿Tienes novio?

19 *Ejemplos:*

ALUMNO A
¿En qué año nació?
¿Con quién hizo su primera película?
¿Dónde recibió el premio a la mejor actriz revelación?
¿Qué pasó dos años después de casarse?
¿Por qué les detuvo la policía en 1990?
¿Qué escribió en la cárcel?
¿Dónde vive desde 1997?

ALUMNO B
¿Dónde nació?
¿A qué edad debutó en el teatro?
¿Cómo se llamaba su primera película con Javier Odriolaza?
¿A quién conoció durante el rodaje de *Viaje al Sur*?
¿Con quién mantuvo el romance más destacado?
¿Cuántos meses pasó en la cárcel?
¿Desde qué año vive en Marbella?

20 *Ejemplos:*
¿Cuánto tiempo salisteis juntos?
¿Fue un flechazo?
¿Por qué rompisteis?
¿Te gustaría volver a salir con él?
¿Sigues enamorada de él?

21 *Ejemplos:*
Mejoraría el sistema de transportes.
Construiría más zonas verdes.
Disminuiría el nivel de contaminación.
Construiría más carriles-bici.
Aumentaría la oferta cultural.
Construiría más hospitales.
Construiría un aeropuerto.
Abriría nuevos centros cívicos.
Construiría más residencias para la tercera edad.
Construiría más guarderías públicas.

4 Se aprende a nadar nadando.
Se aprende a esquiar esquiando.
Se aprende a conducir conduciendo.
Se aprende a bailar bailando.
Se aprende a traducir traduciendo.
Se aprende a hablar hablando.
Se aprende a andar andando.
Se aprende a ir en bici yendo en bici.
Se aprende a tocar el piano tocándolo.
Y se aprende el Gerundio practicándolo.

5 *Ejemplos:*
Sin ir a clase, estudiando en casa.
Haciendo muchas fotos y hablando con fotógrafos.
Paseando por la ciudad, sin ir a agencias.
Andando, paseando por el parque.
Sin ir a Italia, viviendo con un italiano.
Hablando con nativos y escuchando canciones.
Mirando en el diccionario y traduciendo palabra por palabra.
Sin estudiar solfeo, tocando de oído.

7 Las empresas grandes le parecen poco humanas.
Trabajar en equipo le parece indispensable.
Las reuniones largas le resultan pesadas y le parecen innecesarias.
Los viajes le resultan pesados.
Le parece interesante conocer cosas nuevas.
Le resulta fácil comunicarse con la gente.
Le cuesta hacer cada día lo mismo.

9 Mis alumnos del año pasado eran todos muy diferentes; por ejemplo, a John **le** daba mucho miedo hablar en público y **se** hacía siempre un lío con los géneros y los tiempos del pasado, en cambio, Fabien no **se** daba cuenta de que hablaba demasiado y de que no dejaba hablar a los demás. A Uwe, por ejemplo, **le** parecía más fácil leer que hablar y no lo entiendo porque a mí, leer en alemán **me** resulta bastante difícil y **me** canso enseguida. A Martha **le** resultaba divertido traducir, seguramente porque **le** gusta mucho la literatura.

A nosotros los profesores, en general, el trabajo en grupo **nos** parece muy interesante. Pero a veces **nos** da miedo preguntar cuestiones personales a los alumnos.
¿Y a vosotros, qué **os** parece más útil? ¿Qué **os** resulta más pesado?

11
1. No, no lleva hache.
2. Es un plato típico español, una sopa fría de verduras que se toma mucho en verano. No tiene traducción.
3. En francés es "chanson".
4. No, con be no, con uve doble.
5. En la tercera línea del segundo párrafo.
6. En la treinta y dos, al principio.
7. No, lo correcto es "estoy contento".
8. No, hay una falta...

12
1. Canta muy bien. Tiene una **voz** muy bonita.
2. No entiendo bien el **significado** de esta palabra, "chulo". ¿Es lo mismo que "pedante"?
3. La profesora nos hace leer cada día un texto **en voz alta**. Y luego nos hace preguntas.
4. Marina habla poco porque tiene miedo de **cometer errores**. Es una tontería. Sólo hablando puede progresar.
5. El otro día, después de la clase, nos quedamos tomando un café. Tuvimos una **conversación** muy interesante sobre el amor y las parejas.
6. Yo, cuando no entiendo una palabra, primero intento descubrir el significado, sin **consultar el diccionario**.
7. Me encanta aprender **de memoria** canciones y poemas.
8. Tengo **problemas con** las erres españolas. No me salen.
9. Habla bien, tiene mucho vocabulario pero quiere **perfeccionar** su pronunciación.
10. En mi país, en la escuela se estudian por lo menos dos **lenguas extranjeras**: inglés y francés o inglés y español a partir de los diez años.
11. El funcionamiento de los verbos tiene **reglas** bastante parecidas en todas las lenguas latinas.
12. A mí me va muy bien **escuchar** casetes en el coche o en casa. Cuando puedo, también **oigo** la radio y veo programas de países **de habla española**.

13. Cuando hablan, los latinos hacen muchos más **gestos** que otros pueblos, como los escandinavos, por ejemplo.
14. Habló portugués pero me cuesta mucho **entender** lo que me dicen.
15. Es muy curioso. Es bilingüe pero no sabe **traducir** nada bien de una lengua a otra.
16. Tengo que **hacer ejercicios** sobre los tiempos pasados. No me sé las formas del Indefinido.
17. Es demasiado tímido: le cuesta mucho **tomar la palabra** cuando hay mucha gente.
18. ¿No **oyes** el teléfono? Hace rato que suena.

15 **Acuerdo:**
Estoy completamente de acuerdo.
Bueno, creo que es verdad.
Es verdad.
Totalmente cierto.
Sí, es verdad, estoy de acuerdo.
Claro.
En general, sí, estoy de acuerdo.

Desacuerdo:
Me parece que no tiene razón.
A veces sí, pero no siempre.
No estoy de acuerdo en absoluto.
No, ni hablar.
A veces sí, pero en general, no.
Lo siento, pero no tiene razón.

2
1. una fiesta
2. una película
3. un concierto de música clásica
4. un restaurante
5. un partido de fútbol
6. un concierto de rock
7. una discoteca
8. un museo

Ejemplos:
1. cumpleaños, cerveza, música...
2. actores, fotografía, música...
3. pianista, Sinfonía...
4. decoración, comida, carne, postres, pasteles, mousse...
5. estadio, partido...
6. tocando, canciones, disco, batería, solo...
7. música, salsa, merengue, consumición...
8. Expresionismo, colección, arte...

Ejemplos:
El primero no lo pasó bien porque no conocía a nadie y la música era muy mala...
La segunda lo pasó bien porque la película le pareció muy buena...
La tercera no lo pasó muy bien al principio porque el pianista no era muy bueno pero luego sí...
El cuarto lo pasó bien porque la decoración y los postres estaban muy bien y no era muy caro...
La quinta lo pasó bien porque era la primera vez que iba a un estadio...
El sexto lo pasó muy bien porque el grupo tocó hasta las dos de la mañana y al final el batería tocó un solo alucinante...
La séptima lo pasó bien porque la música le gustó mucho...
La octava lo pasó bien porque la colección era muy completa...

4 (*De izquierda a derecha*)
1. Cine de mujeres
2. Maratón de teatro
3. Fiesta de la energía solar
4. Final de la Copa del Rey de fútbol
5. Feria del libro

6

Horizontales:
1. ciencia ficción
2. guerra
3. acción
4. comedia

Verticales:
1. oeste
2. aventuras
3. terror
4. policiaca

7 *Ejemplos:*
Ciencia ficción: *2001 Odisea en el espacio, La guerra de las galaxias*
Guerra: *Salvar al soldado Ryan, La delgada línea roja*
Acción: *Arma letal, El fugitivo*
Comedia: *Una noche en la ópera, Poderosa Afrodita*
Oeste: *Los siete magníficos, El bueno, el feo y el malo*
Aventuras: *En busca del arca perdida, Parque Jurásico*
Terror: *Pesadilla en Elm Street, La matanza de Texas*
Policiaca: *Instinto básico, Sospechosos habituales*

9

		PALABRAS CLAVE
	2	original
	4	genial, chulísima, divertidísima, una pasada
	5	buena, mejor
	1	rollo, aburridísima, horribles, lo peor
	3	mala, malísima
	6	rollo, absurda

10 *Ejemplos:*
CARRETERAS SECUNDARIAS: llena de sensibilidad, profunda
AMOR DE HOMBRE: tierna, agridulce
¿DE QUÉ SE RÍEN LAS MUJERES? divertida, irónica, descarada, comercial, ligera, crítica
MENSAKA: realista, dura, delicada, sin concesiones

11 *Ejemplos:*
Se puede ir en piragua.
Se puede montar a caballo.
Se puede hacer windsurf.
Se pueden hacer excursiones.
Se puede hacer escalada.
Se puede ir en avioneta.
Se puede ir en helicóptero.
Se puede hacer paracaidismo.
Se puede hacer *rafting*.
Se puede pescar.

13

L	A	B	O	R	A	N	U	N	C	I	O	P
C	A	S	P	E	T	I	N	A	C	I	O	N
S	E	R	I	E	H	D	E	P	O	R	T	E
C	A	N	C	A	M	O	N	I	N	E	U	S
U	S	O	L	I	P	E	L	I	C	U	L	A
L	Ñ	T	M	A	B	A	S	C	U	E	R	N
E	S	I	D	E	B	A	T	E	R	T	E	R
B	A	C	A	R	M	E	N	H	S	X	U	N
R	G	I	R	N	E	S	T	O	O	M	P	E
O	D	A	M	U	S	I	C	A	L	E	T	L
N	I	S	P	I	L	B	E	R	G	D	I	N

14

1. ¿Al cine? Bueno, ¿a qué hora?
2. ¿Tan pronto? Mejor a la de las ocho u ocho y media, ¿no? Es que tendría que estudiar.
3. Ah, pues no sé... me da igual. ¿Qué ponen en el Florida, que está cerca?
4. Uf, ¡qué rollo! ¿Y si en lugar del cine quedamos en mi casa y alquilamos una de vídeo? Yo tengo ganas de volver a ver *To be or not to be*.
5. Muy bien. Pues te espero aquí.

15 *Ejemplos:*

1. • ¿Desayunamos juntos mañana a las nueve?
   ○ Las nueve es un poco pronto, ¿no?
   • ¿Y a las nueve y media? Es que más tarde ya no puedo.

2. • ¿Te apetecería ir a cenar el sábado que viene?
   ○ Me gustaría mucho, pero es que ese día tengo una boda.
   • Ah. ¿Y si vamos a tomar algo por la tarde?

3. • ¿Te apetece ir al Fantasio a ver *Barrio* esta tarde?
   ○ Me parece muy buena idea, ¿cómo quedamos?
   • ¿Qué tal a las 7 delante de la Facultad?

4. • ¿Quedamos en el Café Gijón, entonces?
   ○ Mejor en otro sitio, ¿no? En ese café hay siempre mucha gente.
   • Pues quedamos directamente delante del teatro, ¿vale?

5. • ¿Por qué no vamos juntos a la fiesta esta noche?
   ○ Lo siento pero voy a ir con Pablo.
   • Bueno, otro día será.

19

1. El concierto **es** en el Teatro Olimpia a las diez.
2. La Plaza de Toros **está** muy cerca de mi casa.
3. Creo que la fiesta **es** en casa de María Ángeles. Lo que no recuerdo es en qué calle **está**.
4. **Hay** un concierto muy bueno mañana en el Auditorio Nacional. ¿Te apetece ir conmigo?
5. La película **es** a las cuatro en el cine Rex.
6. Me han dicho que **hay** una corrida de toros estupenda el jueves.
7. Hemos quedado en mi casa, que **está** aquí al lado, para tomar un café.
8. • ¿Sabéis dónde **es** la exposición de Tàpies?
   ○ Sí, en la Galería Rocambole, la que **está/hay** en la calle Almirante.

20

Estuve el otro día en el circo y me encantó, fue fantástico.

Hace unos días vi una película que no me gustó nada, era aburridísima.

A mis padres y a mí nos gustó mucho tu exposición, es preciosa.

Ayer conocí a Carmen y a María y, la verdad, me cayeron muy bien, son majísimas.

María me dijo que la obra de teatro no te gustó mucho. ¿Es cierto? A mí sí me gustó.

Los espagueti que comimos anoche no me gustaron nada de nada, estaban malísimos.

La novia de Juanjo me cayó francamente mal, no para de hablar.

Los cuadros que compró Luis me gustaron muchísimo, son preciosos.

1 **Verdad:** 2, 5, 6
Mentira: 1, 3, 4

3 **Obesidad:** alimentación, ejercicio, dieta, engordar, peso, adelgazar
Dolores de espalda: ejercicio, masaje, estiramientos, agacharse, levantarse, postura, estar sentado
Tabaquismo: fumar, nicotina, cigarrillo, chicle, adicto, alquitrán

4 *Ejemplos:*
Pues si no ves bien, ve al oculista; tal vez necesitas gafas.
Pues intenta no comer tanto. Y haz más ejercicio.
No fumes tanto.
Come algo.
Toma una aspirina y descansa un rato.
Ponte alguna crema *aftersun.*
Mira siempre al horizonte y tómate un chicle antimareo.
Apúntale a guitarra o a inglés, que es mucho más provechoso.
No tomes azúcar ni sal.
Tómate un calmante.
Échate un rato y descansa.
Abrígate y vete a la cama. Duerme unas horas.

Usted:
Pues si no ve bien, vaya al oculista; tal vez necesita gafas.
Pues intente no comer tanto. Y haga más ejercicio.
No fume tanto.
Coma algo.
Tome una aspirina y descanse un rato.
Póngase alguna crema *aftersun.*
Mire siempre al horizonte y tómese un chicle antimareo.
Apúntele a guitarra o a inglés, que es mucho más provechoso.
No tome azúcar ni sal.
Tómese un calmante.
Échese un rato y descanse.
Abríguese y váyase a la cama. Duerma unas horas.

7 *Ejemplos:*
Gripe: Tenía bastante fiebre y me sentía muy cansado.
Otitis: Me dolía el oído.
Conjuntivitis: Me dolían los ojos y la cabeza.
Alergia al polen: Me lloraban los ojos, estornudaba mucho y tenía mucha mucosidad.
Apendicitis: Tenía dolores muy fuertes en el apéndice.
Varicela: Tuve erupciones cutáneas rosadas.
Indigestión: Tenía dolor de estómago y vomité un par de veces.

9
1. Jacinto no está bien. Yo creo que tenemos que **llamar a un médico** rápido o **ir a urgencias**.
2. • Me parece que tengo una gastroenteritis: tengo diarrea, náuseas...
   ○ ¿Tienes **fiebre**?
   • Un poco, 38 grados.
3. No puedo tomar ningún antibiótico. Soy **alérgico**.
4. Uy, me ha **picado** una avispa. ¡Uf, cómo duele!
5. A mí me gusta ir a la playa, darme un baño, pero no estar horas y horas allí tumbado, **tomando el sol**. Además, está demostrado que el sol puede ser bastante **peligroso**.
6. El médico ha dicho que los **síntomas** son los típicos de una astenia primaveral, nada de importancia.
7. Hoy no me encuentro muy bien. He comido algo que me ha sentado mal. Voy a hacer **dieta**: arroz blanco y un poco de manzana rallada.
8. Le duele mucho la herida y le han dado algo para **calmar el dolor**, un analgésico bastante fuerte.
9. Ha **adelgazado** mucho últimamente. Me ha dicho que ha hecho un **régimen** a base de fruta y verdura, y ha perdido 10 kilos.
10. Ya son las 10h. ¿Le has puesto las **gotas** para el oído a la niña?
11. Ayer corrí una hora por el parque y hoy **me siento/me encuentro** muy bien, un poco cansado pero de buen humor. Yo **me encuentro/me siento** mucho mejor cuando hago ejercicio físico.

10 **Le pican...** los ojos.
Tiene dolor de... muelas / espalda / barriga.
Le duele... la espalda / el oído.
Está... resfriado/a / bien / mal / muy mal / fatal / mareado/a.
Se encuentra... bien / mal / muy mal / fatal.
Se ha hecho daño en... la espalda / las piernas.
Le duelen... las muelas / los ojos / las piernas.

11 dolor muscular
picadura de avispa
molestias al tragar
reacción alérgica
fiebre alta
quemadura de segundo grado
médico de guardia

Una simple **picadura de avispa** puede provocar una **reacción alérgica**: el paciente puede sufrir **fiebre alta** y, a veces, también **dolor muscular** y **molestias al tragar**. En esos casos, lo mejor es llevar a la persona al **médico de guardia** inmediatamente.

12 *Ejemplos:*

PACIENTE 1
Nombre: **Susana** Apellidos: **Jiménez Rodrigo**
Edad: **34**
Síntomas: **dolor de barriga**
Operaciones: **hernia discal, quiste** Alergias: **No**
Medicación actual: **Ardine 500**
Diagnóstico: **reacción adversa al medicamento**

PACIENTE 2
Nombre: **Elvira** Apellidos: **Matutes Blasco**
Edad: **38**
Síntomas: **hinchazón del pie**
Operaciones: **rodilla** Alergias: **polen y aspirina**
Medicación actual: **no**
Diagnóstico: **fractura en la rodilla**

PACIENTE 3
Nombre: **Ernesto** Apellidos: **Tomás Villar**
Edad: **20**
Síntomas: **escozor en la pierna**
Operaciones: **apendicitis** Alergias: **penicilina**
Medicación actual: **gotas para los ojos**
Diagnóstico: **infección por picadura de insecto**

14 EN VACACIONES RECUERDE...

ANTES DE INICIAR EL VIAJE
Procure dormir bien la noche anterior y **olvídese** de las preocupaciones para salir descansado y relajado. **No salga** sin comprobar el estado de su coche (frenos, neumáticos, luces, etc.).

LOS PASAJEROS Y EL EQUIPAJE
Coloque bien el equipaje, para no afectar negativamente la estabilidad del coche. **Siente** a los niños en sillas portabebés adecuadas a su peso. **Abróchese** siempre el cinturón de seguridad.

LA RUTA
Antes del viaje, **estudie** el mejor itinerario para evitar carreteras congestionadas y obras.

EL MOMENTO DE SALIR
Hay días que es mejor no viajar, porque las carreteras están saturadas. **Elija** muy bien el día y la hora en que va a viajar y **evite** las horas punta.

Y DURANTE EL VIAJE
No coma demasiado: las digestiones pesadas causan somnolencia. **No beba** alcohol y **pare** cuando se sienta cansado. **Respete** en todo momento los límites de velocidad.

15 *Ejemplos:*
En los hospitales no se pueden tener animales y este señor tiene un perro y un pájaro en su habitación.

En los hospitales no se puede fumar y este señor está fumando.

En los hospitales no se puede beber alcohol y este señor está bebiendo de una bota de vino.

En los hospitales no se puede correr con la silla de ruedas y este hombre lo hace.

En los hospitales no se puede cocinar en las habitaciones y este señor lo está haciendo.

Oiga, señor, por favor, saque este perro y este pájaro de la habitación. Y deje de fumar.
Oiga, por favor, no beba alcohol.
Oiga, señor, no corra tanto con la silla de ruedas.
Oiga, señor, por favor, no cocine en su habitación.

16 1. a) Y deberías también comer más verdura.
2. b) Y piense en todas las cosas buenas que tiene.
3. a) Abrígate bien.
4. a) Y si no puede, llame antes.
5. b) Le irá bien para la circulación de la sangre.
6. a) pero bebe demasiado.
7. b) y duerma por lo menos ocho horas diarias.
8. a) y hace todas las comidas en horarios regulares.

18 *Ejemplos:*
1. Llama a la policía. / No duermas en casa.
2. Come cosas más sanas. / No comas tanto jamón.
3. Habla con tu mujer. / No la dejes entrar.
4. Busca un hotel. / No te deprimas.
5. Ve al dermatólogo. / No comas cosas grasas.
6. Vete a España. / No te quedes en tu país.

AGENDA

- si lo pueden tomar los niños: **Posología / Niños**
- cuál es la dosis máxima: **Sobredosis**
- si lleva azúcar: **Composición por comprimido**
- si se fabrica también en supositorios o inyectables: **Otras presentaciones**

4 *Ejemplos:*
¿Con qué te has pinchado?
Con un tenedor.

¿Cómo se abre la llave del gas?
Con mucho cuidado y girando hacia la izquierda.

¿Cómo se enciende esto?
Aprieta el botón rojo y luego el azul.

¿Cómo lo agarro?
Con las dos manos.

¿De qué lado duermes?
Yo del izquierdo, siempre.

¿Dónde guardas la cartera?
En el bolsillo izquierdo.

¿De qué está hecha esta camisa?
De piel y de tela.

¿Con qué funciona el nuevo reloj de Schwitch?
Con energía solar.

5
1. Divertida **batidora** Billy a todo color de PHILIPS para decorar su cocina. Gran potencia. Ideal para la elaboración de salsas y batidos de frutas.
2. **Tostador** años cincuenta realizado en acero cromado, pequeño y con asas frías.
3. La más divertida **fondue** suiza, pero en este caso ideal para alegrar cualquier mesa.
4. La **nevera** de los cincuenta, aunque con la tecnología del frío más avanzada. En azul y rojo. BOSCH.
5. **Molinillos** para la sal y la pimienta en acero inoxidable.
6. Práctico **carrito** metálico para guardar y transportar frutas y verduras.
7. **Taburete** plegable de 85 cm de altura, de madera y aluminio, para baños o cocinas.
8. **Campana extractora** PANDO modelo P-551. Es de acero inoxidable y tiene 1,05 metros de largo. Funciona con dos motores que permiten una rápida extracción del aire.

6
1. teléfono
2. cremallera
3. pañuelo de papel o "kleenex"
4. moto
5. bolígrafo o "boli"

7 *Ejemplos:*
Objeto 1: mesa
Objeto 2: pulseras
Objeto 3: radiocasete
Objeto 4: coche

9

ESTUDIAR		TENER	
INDICATIVO	SUBJUNTIVO	INDICATIVO	SUBJUNTIVO
estudio	estudie	tengo	tenga
estudias	estudies	tienes	tengas
estudia	estudie	tiene	tenga
estudiamos	estudiemos	tenemos	tengamos
estudiáis	estudiéis	tenéis	tengáis
estudian	estudien	tienen	tengan
LEER		**PODER**	
INDICATIVO	SUBJUNTIVO	INDICATIVO	SUBJUNTIVO
leo	lea	puedo	pueda
lees	leas	puedes	puedas
lee	lea	puede	pueda
leemos	leamos	podemos	podamos
leéis	leáis	podéis	podáis
leen	lean	pueden	puedan
ESCRIBIR		**QUERER**	
INDICATIVO	SUBJUNTIVO	INDICATIVO	SUBJUNTIVO
escribo	escriba	quiero	quiera
escribes	escribas	quieres	quieras
escribe	escriba	quiere	quiera
escribimos	escribamos	queremos	queramos
escribís	escribáis	queréis	queráis
escriben	escriban	quieren	quieran

10 En todas las oraciones **a** hablamos de alguien o algo conocido o que existe, mientras que en las oraciones **b** describimos las características de alguien o algo no conocido o cuya existencia ignoramos.

12 percha
abrigo
lavadora
toalla

13 *Ejemplos:*

Tostador: es un aparato con el que se pueden hacer tostadas.

Maleta: es un objeto en el que se guarda la ropa que se necesita para hacer un viaje.

Radiocasete: es un aparato con el que se puede escuchar la radio o música.

Lápiz: es un objeto, normalmente de madera, con el que se puede escribir o dibujar.

15 Aparece el pronombre en frases con OD determinado antes del verbo.

17 *Ejemplos:*
Yo me llevaría un teléfono móvil porque así podría comunicarme con otras personas.

Yo me llevaría un encendedor porque así podría hacer fuego.

Yo me llevaría una tabla de madera de 2 m^2 porque así podría construir una barca/balsa.

Yo me llevaría una tienda de campaña porque así no tendría que dormir a la intemperie.

19 *Ejemplos:*
Se le murió la planta.
Se le escapó el pájaro de la jaula.
Se le rompió la persiana.
Se le agujereó el sillón.
Se le quemó el pollo.
Se le rompió el jarrón.
Se le quemó la cafetera.
Se le estropeó la televisión.

21 *Ejemplos:*
Es un lugar al lado del mar en el que mucha gente veranea.

Es un alimento típico de España: es plano, de forma circular o alargada, de color amarillo, ...

Es un objeto que sirve para entrar en una casa.

Es un aparato sin el que probablemente llegarías tarde al trabajo.

Es un fenómeno metereológico muy común que, si es muy intenso y continuado, puede provocar inundaciones.

2

	1	2	3	4	5	6
en su casa		X				X
en un espectáculo				X		
en casa de alguien			X			
en la calle						
en el coche	X					
en un bar o restaurante					X	
en otros lugares						

3

IMPERFECTO DE INDICATIVO		
	Verbos en -AR	**Verbos en -ER/-IR**
Yo	ayudaba, estudiaba, soñaba, luchaba	vivía, podía, tenía, quería
Tú		
Él, ella, usted	estaba, trabajaba	cosía
Nosotros/as		podíamos
Vosotros/as		
Ellos, ellas, ustedes	trabajaban	
	SER	**IR**
Yo	era	iba
Tú		
Él, ella, usted	era	
Nosotros/as		íbamos
Vosotros/as		
Ellos, ellas, ustedes	eran	

* También aparece **había**, la forma imperfecta del Indicativo del verbo haber. Es una forma impersonal.

4 *Ejemplos:*
¿Dónde vivías?
¿A qué juegos jugabas?
¿Hiciste algún viaje?
¿Dónde ibas en vacaciones?
¿Cómo te llevabas con tus hermanos?
¿Fuiste alguna vez en avión?

5 *Ejemplos:*
¿Sabes/Sabías que ayer robaron un picasso en un museo de Barcelona?
Ayer desapareció misteriosamente Cristina Rico.
¿Sabes/Sabías que ayer descubrieron un esqueleto de tiranosauro en los alrededores de Madrid?
Ayer hubo un grave accidente en la autopista A-1.
La bolsa de Nueva York cayó espectacularmente ayer.
¿Sabes/Sabías que la actuación de Perico Linares ayer en Nueva York fue un éxito?

6 Ayer no comí nada porque me encontraba fatal del estómago.
Cuando Lola besó a Luis él se puso rojo porque era la primera vez.
Cuando tenía diez años me compraron una bici que tenía cuatro ruedas.
Isabel y Jacobo se conocieron en un bar que se llamaba Rex.
El viernes pasado hacía mucho frío y nos quedamos en casa.
Llovía mucho, no había taxis y no pude volver a casa.
Laura se levantó a las dos porque tenía resaca.
Hace muchos años vivía en una calle donde no había tiendas.

7 Nos conocimos un domingo de julio, en el paseo marítimo de Málaga. *(2) Aquel día* ***hacía*** *mucho calor, y ella* ***estaba*** *sentada en un banco del paseo.* Me gustó en cuanto la vi: *(1)* ***era*** *morena, de ojos verdes,* ***parecía*** *tímida y* ***estaba*** *sola así que* me acerqué a ella y me senté a su lado. *(6) Yo* ***estaba*** *bastante nervioso, pero me* ***gustaba*** *tanto que* empecé a hablar con ella: "Cómo te llamas? ¿De dónde eres?". *(4) Ella me* ***miraba*** *y* ***sonreía****, pero no me* ***contestaba****,* al final me dijo: "I'm sorry, I don't speak Spanish." *(5) En aquella época yo no* ***sabía*** *ni una palabra de inglés pero* intenté comunicarme con ella mediante gestos y al cabo de un rato la invité a cenar. Aceptó, y fuimos a un restaurante junto al mar. *(3) Desde nuestra mesa* ***se oía*** *el ruido de las olas y ella no* ***dejaba*** *de sonreír.* No dijimos nada en toda la noche, pero nos enamoramos locamente.

10 *Ejemplos:*
Hace unos días estaba en casa tranquilamente cuando escuché un ruido. Me asomé a la ventana y vi a unos ladrones en la casa de al lado. Llamé inmediatamente a la policía pero cuando llegaron, los ladrones ya se habían escapado.

Anoche estaba en mi casa. Estaba cansado y me acosté. Estaba a punto de dormirme cuando sonó el teléfono. Lo cogí y escuché una voz extraña en otro idioma. Colgué pero volvió a llamar otras dos veces.

Ayer por la tarde iba por la calle y me encontré 10.000 ptas. en el suelo. Como era un dinero inesperado, decidí gastarlo: me compré algo de ropa e invité a cenar a un amigo.

El verano pasado iba en coche por una carretera secundaria cuando de repente el coche se paró. Vi un ovni. Paró frente al coche y de él bajó un ser muy extraño.

11 *Ejemplo:*

EL MEDITERRÁNEO — **29 de noviembre**

RESUELTO EL ASESINATO DE UN CONOCIDO ARISTÓCRATA MADRILEÑO

Madrid / Agencias

La policía dispone ya de pruebas en el asesinato de Don Adolfo de Gil y Puértolas, marqués de Estaflor, cuyo cadáver apareció hace diez días en el jardín de su casa. Su ex mujer continúa en paradero desconocido.

Según el relato policial, todo ocurrió **muy rápidamente**. Don Adolfo, que la noche anterior **había asistido a la entrega de premios Azur a la gente famosa**, salió a tomar el sol en su jardín con **el periódico del día**, como de costumbre, cuando de repente **vio a alguien que saltaba por la verja del jardín**. El marqués, asustado, **intentó huir** pero **fue inútil**. Unos minutos después, el asesino **le disparó un tiro en la sien**. El cadáver quedó en el jardín hasta que a las seis de aquella tarde **lo descubrió el jardinero**. El móvil del crimen también parece claro. La policía sospecha de **su mujer, que continúa en paradero desconocido desde hace diez días**.

12 *Querida Matilde:*

La semana pasada Javier y yo ***fuimos*** *de excursión a la sierra con Jon y Natalia.*
Estuvimos andando *unas dos horas hasta llegar a un refugio de montaña. Allí nos comimos los bocadillos que aquella mañana* ***habíamos hecho*** *en casa. Después* ***estuvimos jugando*** *al fútbol hasta que se hizo de noche. Entonces montamos las tiendas de campaña, pero yo, como no* ***hacía*** *nada de frío, decidí dormir fuera. Al día siguiente* ***hizo*** *bastante calor y nos levantamos tempranísimo, a las siete o siete y media, y volvimos al pueblo andando. La verdad es que nos lo* ***pasamos*** *muy bien.*
Y tú, ¿cuándo piensas venir para ir juntos de excursión? ¿Me escribirás?

Peter

13 *Ejemplos:*

Estaba leyendo tranquilamente cuando alguien llamó por teléfono. Era el Presidente del Gobierno en persona que le quería pedir consejo. Y él no se lo dio.

Estaban bailando animadamente cuando de pronto vieron un orangután que se acercaba. Se había escapado del zoo y lo estaban buscando. Lo llevaron de vuelta al zoo.

Estaba cocinando tranquilamente en casa cuando de repente vio un pie colgando en la ventana. Era el limpiacristales que había perdido una bota.

Estaba cantando música country en un bar cuando de repente alguien le disparó una flecha en el sombrero. Era el día 28 de diciembre, el día de los Santos Inocentes y fue víctima de una broma.

Iba andando por la calle cuando vio una cesta en el suelo que se movía. Se acercó y vio que dentro había un perrito abandonado. Se lo llevó a casa.

Salía de casa cuando vio un coche de policía justo delante de la puerta. Afortunadamente pasó de largo.

14

1. No, no fue Hernán Cortés quien descubrió América, sino Colón.
2. No, no fue Jack Ruby quien mató a John F. Kennedy, sino Lee Harvey Oswald.
3. No, las Olimpiadas de Barcelona no se celebraron en 1990, sino en 1992.
4. No, no fue en Argentina donde murió Federico García Lorca, sino en España.
5. No, no fue en Londres donde empezaron su carrera los Beatles, sino en Liverpool.
6. No, no fue en el siglo XVIII cuando vivió Giuseppe Verdi, sino en el XIX.
7. No, no fue El Greco quien pintó "Las Meninas", sino Velázquez.
8. No, no fue en los Estados Unidos donde nació Albert Einstein, sino en Alemania.
9. No, no fue Julio Verne quien escribió *La isla del tesoro*, sino Robert Louis Stevenson.
10. No, no fue en 1700 cuando empezó la Revolución Francesa, sino en 1789.

16 *Ejemplos:*

El señor García Cano salió del hotel a las nueve y media porque **había quedado** con una amiga. Fueron a cenar y luego **tomaron** algo en un pub. Ella **estaba un poco** cansada. Dice que su amiga, una modelo, **se ha marchado** hoy a Singapur.

La señorita Toledo **estuvo** con Cristina en la habitación de ésta hasta las 10: **estuvieron hablando** y viendo un vestido. Después **se fue** a su habitación y se quedó allí porque **estaba muy cansada**. Después sólo **vio** a su novio, que pasó a verla.

El señor Rosales afirma que **estuvo viendo** la tele hasta las once, que después fue a ver a su novia, a dar una vuelta y que **regresó** al hotel a las once y cuarto. Fue a pedirle las llaves del coche a Laura porque hoy **lo necesitaba** pero ella **no estaba.**

17

1. ¿Con quién?
2. ¿Qué comió?
3. ¿Cuánto?
4. ¿Qué visteis?
5. ¿Quién?
6. ¿Dónde?
7. ¿En qué calle?
8. ¿Sobre qué hora?
9. ¿A dónde?
10. ¿Un poco qué?

18

	1	2	3	4	5	6	7	8
INDEFINIDO		x		x		x		x
estuve + GERUNDIO	x		x		x		x	

Se hace más hincapié en la duración de la acción con la forma **estuve** + Gerundio.

19 Pues ayer **estuve limpiando** platos en la cocina del bar toda la mañana. A las doce **empecé** a trabajar en la barra y a eso de las doce y media o una menos cuarto **llegó** Cristina, que **bajó** a tomar un café. **Estuvo** una media hora con otra chica que parecía amiga suya y después **se fue** / **se marchó**. Al cabo de un rato **volvió** a bajar al bar. Eran las dos o dos y cuarto, y hasta las tres **estuvo comiendo** algo en la terraza: un sándwich, creo. Luego **se fue** / **se marchó** y ya no la **vi** más.

20 *Ejemplos:*

Cuando entré en casa me di cuenta enseguida. "¡Lo que faltaba!", pensé. "Me han entrado a robar". Y es que había sido un día duro: había tenido tres reuniones y apenas había podido comer. Sólo había comido un bocadillo, de pie en la oficina. Por la tarde había hablado con Ricardo, un compañero, sobre un problema que tenemos en nuestro departamento. Había sido una conversación un poco desagradable...

Fue un accidente de lo más estúpido. Ese día me había levantado demasiado tarde, me había arreglado a toda velocidad. Había salido de casa con prisas, nerviosa... Me había llevado el coche pequeño para poder aparcar mejor... Había llegado a la estación con el tiempo justo para coger el tren, pero entrando en el parking, pum...

Me dijo que sí, que se quería casar conmigo. Por la mañana le había comprado un anillo precioso y carísimo, después le había enviado un ramo de flores a casa. Por la tarde me había arreglado bien, me había puesto la colonia que a ella le gusta y me había ido a la cita nerviosísimo.

21 El lunes, a las once y veinte de la mañana, fue a jugar a golf en La Moraleja con Arturo. Aquella mañana había visitado la nueva fábrica. Por la tarde asistió a una recepción en la embajada rusa.

El martes, a las dos de la tarde, fue a la boda de su sobrina Elena. Aquella mañana había ido a París en avión. Regresó a Madrid con el vuelo de las 19.00.

El miércoles, a las doce y media de la mañana, tuvo una reunión de trabajo con Álex. Aquella mañana había desayunado con la delegación japonesa. Y por la tarde, a las seis, se fue a Relax para una sauna y un masaje.

1 *Ejemplo:*
El domingo Arturo estaba tranquilamente en casa cuando sonó el timbre. Era la vecina de al lado, Susana, que necesitaba ayuda porque tenía un pequeño incendio en la cocina. Resulta que mientras estaba cocinando se le había encendido el aceite de una sartén. Arturo fue a su casa a ayudarla, pero no cogió las llaves. La casa estaba llena de humo. Entre los dos apagaron el fuego y luego Arturo volvió a su casa. Pero la puerta estaba cerrada. En ese momento, oyó el teléfono de su casa. Pensó que seguramente era Carolina. Fue rápidamente a casa del portero pero no había nadie. Entonces, decidió volver a casa de Susana. Allí llamó a su amiga Irene, porque tiene llaves de su casa, pero tampoco estaba. O sea que tuvo que quedarse en casa de Susana, la vecina, que le invitó a una pizza.

3 *Ejemplos:*
Sí, se las comieron todas.
Se los bebieron todos.
Se lo comieron todo.
Se los terminaron todos.
Se lo tomaron todo.
Se la comieron toda.
Se las terminaron todas.
Las rompieron todas.
Se las llevaron todas.
Los estropearon todos.
Se los llevaron todos.

5 *Ejemplos:*
Vale, a donde tú quieras.
La que tú quieras.
A la que tú quieras. / Cuando tú quieras.
Al que tú quieras.
Con quien tú quieras.
Como tú quieras.
Lo que tú quieras.
El que tú quieras. / Cuando quieras.

6 UNA TIENDA DE INFORMÁTICA
Nuestros técnicos **irán** a su casa cuando usted **tenga** un problema.
Le **regalaremos** las nuevas versiones de sus programas cuando aparezcan.
Le **informaremos** de todas las novedades.
Le **ofreceremos** siempre los precios especiales de cliente.
Le **repararemos** su ordenador gratuitamente los primeros dos años.

UN GIMNASIO
Un médico especializado **controlará** todos los ejercicios que usted **haga**.
Cada mes **tendrá** derecho a dos masajes gratuitos.
Dispondrá siempre del asesoramiento de monitores especializados.
Podrá participar en las clases de culturismo, mantenimiento, ejercicios para la tercera edad, infantil, tai chi...

UNA GUARDERÍA INFANTIL
Sus hijos **estarán** con profesores especialistas en educación preescolar.
Tendrán actividades artísticas y musicales.
Aprenderán un idioma extranjero.
Podrán permanecer en el centro de 8h a 20h y **tendrán** servicio de comedor con menús especialmente pensados para los más pequeños.
Sus hijos **se acostumbrarán** a convivir con otros niños y **adquirirán** autonomía.

8
1. Ahora mismo se lo pido.
2. Ahora mismo se la entrego.
3. Ahora mismo se las mando.
4. Ahora mismo se los envío.
5. Ahora mismo se la subo.
6. Ahora mismo se las hago.
7. Ahora mismo se la reservo.
8. Ahora mismo se la guardo.
9. Ahora mismo se los doy.

9 Si su ordenador hace tiempo que sólo **le** da problemas, no **lo** piense más: compre un portátil Inform. Los ordenadores Inform **los** fabricamos para dar soluciones a sus problemas.

Nuevo Lavaplus **le** deja la ropa más blanca. Su ropa **se lo** agradecerá.

¡Ya está aquí la muñeca que todos los niños esperabais: Carmela! Toda su ropita **la** podrás guardar en su armario y sus comidas **las** podrás hacer en su cocina. Píde**sela** a los Reyes esta navidad.

¿Quién ha dicho que las navidades hay que pasar**las** en el frío? ¿Quién ha dicho que a los Reyes Magos hay que esperar**los** en casa? Estas navidades venga a Canarias.

10 *Ejemplos:*

1. Se han quedado encerrados en un ascensor.
   ASCENSORES LA TORRE
2. No tiene tiempo de ir a comprar una planta.
   CAMELIA
3. Tiene un dolor muy fuerte.
   AMBULANCIAS ESTEBAN
4. Tiene mucha hambre, no hay comida en la cocina y está lesionado.
   FAST PIZZA
5. Se ha estropeado el equipo de música.
   INTERREPARACIONES
6. El grifo no funciona.
   PEPE GOTERA

13

1. unos medicamentos
2. una planta
3. unos libros
4. unas pizzas
5. un pollo

15 LOS DESAYUNOS DE GENTE A PUNTO: **I, D, B**
Cada mañana puede recibir en su domicilio, el periódico, el pan, sus bollos preferidos, la leche y el café, con sólo una llamada telefónica al 96 542 24 15.
"Gente a punto" le pone las cosas fáciles.

GENTE A PUNTO CUIDA DE SU PERRO: **A, E, H**
Si usted no puede, "Gente a punto" ayuda a cuidar de su perro. Cada mañana o tarde, nuestros chicos pueden venir a buscar a su perro y pasearlo por diferentes zonas. Incluso cuidar de él si se van de fin de semana o de vacaciones.
"Gente a punto" le pone las cosas fáciles.

EL JARDÍN DE GENTE A PUNTO: **G, C, F**
Una nueva floristería se ha unido a "Gente a punto". Rosa María Segura quiere ofrecerles la posibilidad de pedir un ramo de flores, una planta o un centro de flor seca las 24 horas del día. Pueden pasar por su exposición en la calle Sta. María o bien llamar a "Gente a punto" al teléfono 96 542 24 15.
"Gente a punto" le pone las cosas fáciles.

16 *(De izquierda a derecha)*
Convergència i Unió (CiU)
Partido Socialista Obrero Español (PSOE)
Partido Popular (PP)
Eusko Alkartasuna (EA)
Izquierda Unida (IU)

18 5 vocales.
No.
Sí. / La "o" y la "u".
No.
No.

2 *Ejemplos:*
Virgili piensa que probablemente la gente viajará en pequeños aviones.
Virgili cree que seguramente tendremos robots teledirigidos que harán las tareas cotidianas.
Virgili opina que todos vestiremos igual.
Virgili piensa que utilizaremos energía solar en los hogares.

3 Los discos desaparecerán cuando podamos recibir en casa música a la carta.
No será necesario conocer el alfabeto cuando guías telefónicas, obras de referencia y directorios estén en soporte electrónico.
Los niños no tendrán que usar mapas impresos en la escuela cuando los tengan en soporte electrónico.

4 MOSTRAR ACUERDO
Sin duda.
Desde luego.
Sí, claro.

MOSTRAR DUDA O ESCEPTICISMO
Sí, es probable.
Sí, puede ser, pero...
No estoy muy seguro/a de eso.

MOSTRAR RECHAZO
Yo no lo creo.
De ninguna manera.
No, en absoluto.
No, qué va.

7 *Ejemplos:*
Sigue jugando al tenis, pero ha dejado de montar a caballo.
Sigue estudiando japonés, pero ha dejado de estudiar inglés y ruso.
Sigue sin gustarle volar.
Sigue llevando ropa negra, pero ha dejado de llevar faldas cortas.
Ya no sale con Arturo. (Ahora sale con Genaro.)
Sigue viviendo en Sevilla, pero ya no vive en el barrio de La Macarena sino en Santa Cruz.
Ya no trabaja para una multinacional. (Ahora trabaja en una tienda de ropa.)
Sigue sin estar casada.

8 *Ejemplos:*
Las vacaciones en la nieve salían muy caras y yo tenía bastante trabajo en casa. **Total, que** / **Así que** / **Por eso** no fuimos.

Álvaro no estudiaba nada. **Sin embargo** / **Aun así** / **Pero** sacaba muy buenas notas.

Para mí lo más importante es tener tiempo para mí mismo. **Por eso** no he aceptado ser director de la agencia.

No estaremos muchos días en tu ciudad; y tendremos muchas reuniones. **Aun así** / **De todas maneras** / **Sin embargo** / **Pero** te llamaremos. A lo mejor podemos vernos un rato o cenar juntos.

La calidad de vida no depende sólo del dinero **sino que** también viene dada por la vida afectiva, el tiempo libre disponible, el entorno...

No sabía nada de informática. **Aun así** / **Sin embargo** le contrataron en un banco.

Pronto no se podrá respirar en muchas ciudades. **Entonces** tendremos que dejar los coches aparcados y usar los transportes públicos.

Es un nuevo método para tratar el cáncer que todavía no está muy experimentado. **Además**, parece que algunos gobiernos no lo han aprobado.

El alcalde ha declarado que mejorará los transportes públicos y la recogida de basuras. **Sin embargo** / **De todas maneras** / **Pero** no ha dicho nada sobre la enseñanza y la política fiscal.

Vivía en un barrio muy agradable, con zonas peatonales, jardines, casas bajas. **Incluso** / **Además** había un club deportivo y una piscina cubierta.

9 *Ejemplos:*

No iremos de compras, nos conectaremos con el supermercado por medio de una red informática. **Pero, en cualquier caso, consumiremos.**

En el año 2035 habrá muchos menos puestos de trabajo que actualmente. Los robots harán la mayor parte de todos los trabajos. **Así que tendremos más tiempo libre.**

Las centrales de energía nuclear no serán necesarias. **Además, existirán nuevas formas de explotar los recursos naturales.**

La jornada laboral será de seis horas durante cuatro días a la semana. Las vacaciones, de 90 días al año. **Total, que trabajaremos menos.**

En el salón de nuestra casa podremos ver películas de cine en tres dimensiones. **Ahora bien, los cines no desaparecerán.**

No necesitaremos llevar paraguas: habrá un mecanismo que regulará la lluvia. Y sólo lloverá cuando el programa lo decida. **Incluso podremos determinar la intensidad de la lluvia.**

Las energías alternativas proporcionarán más del 50% de la electricidad que consumiremos. **De todas maneras, el petróleo seguirá utilizándose mucho.**

A mediados de siglo ya no habrá enfermedades contagiosas. **Sin embargo, surgirán otro tipo de enfermedades.**

Antes del año 2050 la humanidad tendrá contacto con civilizaciones extraterrestres. **Así que descubriremos nuevas formas de vida.**

11 *Ejemplos:*
Yo quiero un robot que planche, que prepare el desayuno y que cuide a los niños cuando yo salgo.

Yo quiero un robot que lleve las cuentas de la casa, que recite poemas y que riegue las plantas todos los días.

Yo quiero un robot que me haga la cama, que saque a pasear al perro y que lave los platos.

12 *Ejemplos:*
Antes muy poca gente viajaba de Europa a América, y lo hacían en barco. Ahora viaja mucha más gente y lo hacen en avión.

Antes la comunicación a distancia era muy lenta. Ahora, en cambio, tenemos muchas maneras de comunicarnos al instante con alguien que está a muchos kilómetros de distancia.

Antes muchas enfermedades eran mortales. Ahora hay vacunas para la gran mayoría de ellas.

15 [4] El azufre y el nitrógeno despedidos por la industria y los motores se mezclan con el vapor de agua, el oxígeno y los rayos solares.

[1] La actividad humana y, en particular, el consumo de combustibles fósiles está causando un aumento de la temperatura de la Tierra, lo que origina numerosos problemas.

[2] Las naciones industrializadas utilizan una proporción mucho más grande de recursos que los países en vías de desarrollo.

[4] En muchas grandes ciudades la contaminación originada por los coches y las industrias provoca graves problemas de salud a sus habitantes.

[3] La cantidad de residuos que el hombre arroja al mar ha aumentado radicalmente durante el último siglo.

[3] Aproximadamente 50 oleadas de algas tóxicas llegan a las aguas de Japón anualmente.

[4] Nueva Delhi, Beijing, Teherán y otras muchas ciudades están durante más de 150 días al año por encima de las recomendaciones de la OMS respecto a la cantidad de partículas en el aire.

[4] La mayoría de científicos creen que la temperatura media del mundo aumentará un grado hacia el año 2030 y cuatro a finales de siglo.

[5] [2] El crecimiento demográfico pone en peligro los recursos naturales de la Tierra.

[2] [6] Más de un millón de árboles se utilizan cada año para proporcionar los periódicos del domingo a los ciudadanos norteamericanos.

[3] Las algas tóxicas es uno de los efectos más graves de la contaminación. Fertilizantes y desperdicios industriales han provocado un espectacular crecimiento de estas algas.

[4] La emisión a la atmósfera de ciertos productos químicos destruye la capa de ozono.

[6] Los bosques se talan para obtener madera y crear tierras de cultivo.

[2] [6] Al desaparecer selvas y bosques, se reduce la biodiversidad y se erosiona el suelo.

16 *Ejemplos:*
¿Es verdad que de joven viajó mucho? ¿Hizo de taxista?
¿Trabajó de albañil en Islandia y de barman en Hawai?
¿Es verdad que en un viaje conoció a una mujer? ¿Se casó con ella?
¿Es verdad que ganó mucho dinero en un negocio inmobiliario en Alemania?
¿Es verdad que sufrió un golpe duro?

17 *Ejemplos:*

1. • Yo creo que el mejor escritor español de ahora es Pérez-Reverte.
   ○ ¿Pérez-Reverte?

2. • El Barça cada día juega mejor.
   ○ ¿Mejor?

3. • Yo creo que los CD-ROMS van a desaparecer muy pronto.
   ○ ¿Desaparecer?

4. • Todo esto de la ecología y el medio ambiente me parece una tontería.
   ○ ¿Una tontería?

5. • Ayer por la noche estuvimos cenando en ese restaurante tan bonito que está al lado de la Catedral, "La Roca" creo que se llama.
   ○ ¿"La Roca"?

6. • Yo creo que la ciudad donde se vive mejor es Frankfurt.
   ○ ¿Frankfurt?

7. • En el futuro habrá viajes organizados a la Luna.
   ○ ¿A la Luna?

1

Queridos papá y mamá:
En el colegio estoy bastante bien y tengo ya algunos amigos. Me llevo muy bien con Juan y con Enrique, dos chicos muy simpáticos de Valencia. Pero hay otros dos a los que no aguanto. Hay uno, que se llama Íñigo, que siempre está discutiendo conmigo por todo. Y otro, Abel, que me cae f atal.
Los profesores no están mal, me llevo bastante bien con ellos; aunque Andrew siempre me hace salir a la pizarra y a mí me da mucha vergüenza y entonces las cosas no me salen bien; y Sean, el de la tarde, nunca me hace caso cuando intento hablar con él. Pero por lo demás estoy bien.
Un beso

Rafael

P.D.: Mandadme algo de dinero, por favor.

3 1. flechazo 2. frenesí 3. fugaz 4. enajenación 5. exasperar 6. imprevisible 7. desconcertante

4

	ELLOS Y ELLAS	AMOR Y PASIÓN
"Pues yo no creo que los hombres y las mujeres seamos tan diferentes."	X	
"Bueno, a veces dura poco, pero otras veces me parece que puede durar toda la vida."		X
"Pues a mí me gustan hombres muy distintos y ninguno se parece a los que conocí de pequeña. "		X
"Tiene razón: siempre nos sorprende más una persona que no tiene nada que ver con nosotros."	X	
"Yo creo que no hay nada más fácil de entender que un hombre. Además, todos son iguales."	X	
"Pues si todo es química, habría que inventar una medicina para curarse."		X

6 *Ejemplos:*

- Le ha tocado la lotería, ha encontrado trabajo y ha conocido a una persona que le encanta.
- ¿Está muy contento?

- Hace dos días recibió una amenaza de muerte.
- ¿Tiene miedo?

- Dentro de dos semanas sabrá si ha aprobado o no las oposiciones.
- ¿Está nervioso?

- Sólo ha dormido dos horas.
- ¿Tiene sueño?

- Al levantarse de la silla se dio cuenta de que llevaba la bragueta abierta.
- ¿Tuvo vergüenza?

- Le ha dejado su novia, ha perdido mucho dinero en la Bolsa y le han despedido del trabajo.
- ¿Está deprimido?

- No ha bebido nada en dos días.
- ¿Tiene sed?

- Ha estudiado mucho para el examen.
- ¿Está tranquila?

- Su equipo ha perdido la final de la *Champions League*.
- ¿Está triste?

- Le han robado la cartera.
- ¿Está de mal humor?

- Han ingresado a su madre en el hospital.
- ¿Está preocupado?

- Todas las noches sus vecinos hacen muchísimo ruido.
- ¿Está harto?

- Su mejor amigo ha empezado a salir con su ex novia, de quien todavía está enamorado.
- ¿Está celoso?

- No ha comido nada en 24 horas.
- ¿Tiene hambre?

- Su hermana pequeña recibe más atenciones que él.
- ¿Tiene celos?

8 Ella está embarazada. **1**
Se casaron hace seis meses. **2**
Son muy amigos. **1**
Tienen un problema con la ex novia de él. **4**
Él está deprimido porque no encuentra trabajo. **2**
Ella lo pasa fatal porque está entre los dos. **3**
Ella se ha enamorado de un amigo. **1**
Se llevaban bien, pero ahora discuten mucho. **2**
El padre y el hijo se llevan fatal. **3**
Hace tiempo que tienen problemas. **3**
Está muy rebelde. **3**
Viven los tres juntos. **1**

9 **Poco** se usa con adjetivos que tienen un significado positivo mientras que **un poco** se usa con adjetivos que tienen un significado negativo.

10 *Ejemplos:*
Pepe se enfada cuando el perro de Ricardo se come sus hamburguesas.

Joaquín se pone nervioso si Ricardo no limpia el cuarto de baño cuando le toca.

A Ricardo le da miedo cuando Alejandro pone alguna película de terror.

A Alejandro le da rabia que Pepe fume tanto.

Joaquín no soporta que Pepe ponga la música muy alta por la noche.

Joaquín se enfada cuando Ricardo se olvida de pagar su parte del alquiler.

A Joaquín le da rabia que Alejandro nunca friegue los platos.

Pepe se pone nervioso cuando Joaquín se pasa horas al teléfono hablando con novias y amigos.

12 1. a) cuando los aviones se retrasan y tengo que esperar.

2. b) si hace mal tiempo y el avión se mueve mucho.

3. b) que los billetes de avión sean tan caros.

4. a) estar tan lejos del suelo y no saber qué hacer en caso de emergencia.

5. b) que yo viaje tanto y me pueda pasar algo.

14 1. Salva antes era muy sociable y tenía muchos amigos, pero ahora, desde que ha cambiado de trabajo, **se ha vuelto muy antipático**.

2. Cristina estaba tristísima porque su novio no iba a visitarla, pero ahora que la ha llamado para decirle que llega el viernes, **se ha puesto contentísima**.

3. Bill no tenía trabajo ni dinero, pero en los años 80 **se hizo millonario** vendiendo ordenadores y ahora, con tanto dinero, vive muy bien.

4. Los padres de Toño estaban tranquilos, pero ayer hablaron con la profesora de su hijo y **se quedaron preocupados** porque el niño no va bien en el colegio.

5. Christian era un chico muy formal, estudiaba mucho y sacaba buenas notas en el Instituto. Cuando entró en la Universidad **se volvió** mucho más **perezoso**.

6. ¡Cómo ha cambiado Clara! Hace unos meses todavía jugaba con muñecas y, fíjate, ahora trabaja en un bar y sale con chicos: **se ha hecho mayor**.

7. Carlos estaba anoche tan tranquilo en casa, pero cuando le llamé para decirle que el examen es la próxima semana **se puso nervioso**.

8. Me parece que Candela **se ha quedado preocupada** porque no la has saludado.

9. Ignacio tiene ya dieciséis años. Y, claro, a esa edad los chicos **se vuelven rebeldes**.

10. Los niños **se han puesto** muy **contentos** cuando han sabido que vamos a esquiar este fin de semana.

11. No sabía mucho de vino, pero después de tres años estudiando en Burdeos **se hizo un experto**.

12. Ayer no le dolía nada, pero hoy **se ha puesto enfermo** y se ha quedado en cama.

15 VOLVERSE: rebelde, perezoso/a, antipático/a, egoísta, sociable, agradable
HACERSE: un/a experto/a, muy mayor, un hombre / una mujer, rico/a, millonario/a
PONERSE: contento/a, nervioso/a, enfermo/a, triste
QUEDARSE: afectado/a, impresionado/a, preocupado/a

17

LOS 8 CONSEJOS BÁSICOS PARA UNA PRIMERA CITA

1 Es importante ponerse guapo, pero sin abusar del perfume o la colonia.

2 Es necesario lavarse los dientes y no comer ajos ni fumar: a la otra persona quizás no le guste el olor.

3 Es aconsejable que el chico lleve dinero suficiente para invitar a la chica.

4 No es necesario que le cuentes todo sobre ti en la primera cita, pero sí que te muestres como una persona segura y con carácter.

5 Es mejor que no hables de tus ex y, sobre todo, no hagas comparaciones.

6 Para ganar la confianza de la otra persona es útil hablar de asuntos personales, de la infancia, mostrar en general una imagen sincera.

7 También es recomendable no decirle que te gusta: espera que la otra persona lo diga primero.

8 Y, para terminar, es bueno dejar que él o ella te llame por teléfono al día siguiente. Así la responsabilidad no recae sobre ti.

Ejemplos:
Es importante que seas prudente con todo lo que digas.
Es aconsejable no llegar tarde.

18 *Ejemplos:*

■ Consejos para tener éxito en una entrevista de trabajo.
Es muy importante ir limpio y bien vestido.

■ Consejos para salir de una depresión.
Es aconsejable pedir ayuda a un profesional.

■ Consejos para tener éxito social.
Es recomendable mostrarse a la vez autosuficiente y generoso.

■ Consejos para organizar una buena fiesta.
Es muy importante escoger una buena música.

■ Consejos para la primera visita a tus suegros.
Es aconsejable mostrarse simpático y agradable.

■ Consejos para llevarse bien con los vecinos.
Es importante no hacer mucho ruido.

19 *Ejemplos:*

1. • Se me ha vuelto a estropear la moto.
   ○ **Lo que tienes que hacer es** comprarte otra, ésta me parece que ya no sirve para nada.

2. • Estoy fatal. Tengo la cabeza hecha un lío.
   ○ Creo que **lo mejor es que** pases unos días en el campo, así podrás olvidarte de todo.

3. • ¿Tú irías a Londres o no?
   ○ Yo **te recomiendo que** no vayas, pero tú haz lo que quieras.

4. • Me encuentro fatal, casi no puedo ni moverme.
   ○ **Deberías** quedarte en casa y no ir a trabajar.

5. • Voy a comprar el billete ahora, ¿no?
   ○ **Podrías** comprarlo mañana, y así no perdemos tiempo.

6. • No he estudiado nada. Me parece que voy a copiar en el examen.
   ○ Yo no **te aconsejo que** lo hagas; aunque si quieres, hazlo. Pero si después tienes problemas, no cuentes conmigo.

Deberías **Podrías** **Lo que tienes que hacer es**	+ Infinitivo

Te recomiendo **Te aconsejo** **Lo mejor es**	**que** + Subjuntivo

20 *Ejemplos:*

Deberías quedarte con el dinero.
Lo mejor es que devuelvas el dinero.

Yo te aconsejo que dejes que se casen.
Deberías impedir la boda.

Lo que tienes que hacer es hablar con ella francamente.
Podrías mudarte a otra casa tú también.

Podrías contárselo al director del colegio.
Lo mejor es que no digas nada a nadie.

1 *Ejemplos*:
Tobías Anasagasti lo invita a la inauguración de una exposición.
Su hija Marina le recuerda que tiene que comprarle un cuaderno de dibujo.
El señor Valerio le envía unos documentos y le pide que le devuelva una de las copias firmadas.
Sebas le propone ir a jugar un partido el viernes a las 10h.
Su ex mujer le avisa de que está planificando las vacaciones de verano de su hija y le felicita por su cumpleaños.

2 *Ejemplos*:

1

Mariano:
Acuérdate de que mañana hemos quedado para comer, ¿eh? No te olvides.

2

Mariano:
Oye, que te he enviado unos paquetes por correo. Llegarán en dos días.

3

Mariano:
Feliz cumpleaños. A ver si quedamos para celebrarlo, ¿eh? Llámame.

4

Mariano:
¿Qué te parece si vamos a jugar al golf este fin de semana? Llámame para quedar.

3

C	A	T	A	M	A	R	T	I	L	L	O	U
O	G	O	S	P	I	D	E	M	O	L	D	E
P	U	R	T	A	O	H	C	A	R	C	I	A
A	J	N	B	L	J	I	Z	A	S	L	A	L
U	A	I	T	A	R	L	O	S	B	A	N	V
P	O	L	R	D	I	O	S	M	A	V	L	R
T	I	L	T	I	J	E	R	A	S	O	L	E
A	A	O	B	O	T	O	N	J	I	Ñ	A	S

4 *Ejemplos:*
Perdone, ¿podría dejarme unas tijeras, por favor? Es que tengo que cortar un cable y...

¿Le importaría prestarme un molde? Es que quiero hacer un pastel y...

Perdona, ¿me podrías dejar un martillo? Es que quiero colgar un cuadro en la pared y...

Perdone que le moleste. ¿Podría darme un clavo? Es que quiero colgar un cuadro en la pared y...

Oye, perdona, ¿me prestas un botón? Es que me quiero poner esta camisa y le falta uno.

Perdone, ¿me podría dejar un poco de hilo? Es que tengo que coser un agujero de unos pantalones y...

Perdone, ¿le importaría prestarme una aguja? Es que tengo coser un botón de la camisa y...

Perdona, ¿tienes un tornillo como éste? Es que necesito otro igual.

5 *Ejemplos:*
1. ¿Me dejas el diccionario?
2. ¿Puedes dejarme dinero para el autobús?
3. ¿Tienes un bolígrafo, por favor?
4. ¿Me dejas el coche?
5. ¿Le importaría dejarme el móvil, por favor?
6. ¿Me dejas este jersey?
7. ¿Le importaría dejarme el periódico, por favor?

6 *Ejemplos:*
1. ● ¿Puedo cerrar la ventana? Es que hace un frío...
   ○ Sí, claro, ciérrala.
2. ● ¿Te importa si pongo este disco? Me apetece mucho escucharlo.
   ○ No, claro, cómo me va a importar.
3. ● ¡Qué hambre! ¿Puedo probar este jamón? Tiene un aspecto estupendo
   ○ Sí, sí, pruébalo.
4. ● ¿Puedo fumar?
   ○ No, preferiría que no.
5. ● Oye, ahora hace calor, ¿te importa si abro un poco la ventana?
   ○ Pues preferiría que no. Tengo un resfriado terrible.

6. • ¿Me dejas llamar por teléfono? Es que mi novia está esperándome y...
   ○ Sí, sí, llama, llama.
7. • ¿Puedo hacer los pasatiempos de este periódico?
   ○ Sí, sí.
8. • No se ve nada, ¿puedo encender la luz?
   ○ Sí, claro.

7 *Ejemplos:*

ALUMNO A
¿Le importa si bajo un momento a comprar algo en la panadería? Es que no he desayunado nada en casa.
¿Le importa si hago unas fotocopias? Es que tengo que enviar este formulario a nuestros clientes.
Perdone, ¿puedo usar su móvil? Es que mi teléfono no funciona.
¿Le importa si pongo la radio? Es que ahora dan las noticias.
¿Podría usar su coche mañana para ir al aeropuerto? Es que el mío está en el taller.

ALUMNO B
¿Podría recoger al señor Starr esta tarde en el aeropuerto? Es que yo tengo una reunión.
¿Podría pasar a máquina este informe? Lo necesitaría para esta tarde.
¿Podría enviar estos dos mensajes por e-mail y estos otros tres por fax? Es que yo ahora tengo mucho trabajo.
¿Podría traerme un café del bar? Es que ahora tengo una visita.
¿Podría ordenar un poco la oficina? Es que la señora de la limpieza no viene esta tarde.

8 1. • Sí, dígame.
   ○ Soy Julio, de contabilidad...
   • Ah, sí, dígame.
   ○ **Mire, necesito que** me haga unas fotocopias por favor...

2. • ¿Dígame?
   ○ Begoña...
   • Sí dime.
   ○ Oye, **¿te importaría** ir un momento a comprar papel de regalo? Es que...

3. • Dígame, señor Urbano.
   ○ **¿Puede venir** un momento a mi despacho? Tengo que dictar unas cartas y mi secretaria no está...

4. ○ Que está mi ordenador estropeado y no puedo hacer nada...
   • Sí, ya he llamado pero comunican todo el rato.
   ○ Buffffff... Oye, pues **¿te importa si** uso el tuyo un rato, cuando no lo necesites?

5. • ¿Dígame?
   ○ Begoña, perdona, **¿tienes papel**? Papel para la impresora.
   • Papel, a ver espera...

+ FORMAL

Mire, necesito que...
¿Puede venir...?
¿Te importaría...?
¿Te importa si...?
¿Tienes...?

- FORMAL

9 *Ejemplos:*
Paloma **les cuenta que** hace dos días que llegó a Yucatán. Le gusta tanto el lugar que **les recomienda que** vayan alguna vez. También **quiere que** le envíen dinero porque ha perdido la visa. Al final, **les pregunta si** han visto a Carolina.

Carolina **les agradece que** se hayan acordado de su santo y que le hayan enviado un reloj. **Les anuncia que** está embarazada y **les dice que** ella y Clemente están contentísimos. **Les propone que** vayan a verlos el mes siguiente y, al final, **les pide que** nunca se compren un móvil Fonitel.

10 1. a) Te pide que le llames por teléfono.
2. b) Te invita a cenar a su casa el jueves.
3. a) Te pide permiso para usar tu ordenador.
4. a) Te cuenta que hoy ha visto al ex novio de Rosana.
5. b) Te recomienda que leas la novela de Marías .
6. a) Te recuerda que mañana es el cumpleaños de Carlos.
7. a) Te propone que vayas a pasar el fin de semana fuera.

11
- Nuestros hijos pasaron las vacaciones en un campamento de verano.
- Pues **los nuestros** se fueron unos días con sus abuelos a la playa.

- Perdone, ¿es **suyo** un coche rojo que está aparcado en la puerta?
- No, no, **el mío** está en la puerta, pero no es rojo.

- Mis espaguetis están fríos, ¿**los tuyos** también?
- Sí, la verdad es que no están muy calientes.

- Sr. Director, le he dejado los papeles en **su** despacho.
- Muchas gracias.

- Yo invertí **mis** ahorros en acciones, pero mi marido prefirió invertir **los suyos** en propiedades: compró un par de pisos en el centro.
- Pero... ¿cuánto dinero teníais?

- En nuestra casa hace un calor espantoso en esta época del año.
- Ah, ¿sí? Pues en **la nuestra** hemos puesto un aparato de aire acondicionado y se está muy bien.

12 *Ejemplos:*

1. • Mi nevera siempre está estropeada.
   ○ Pues la mía nunca me dio problemas.

2. • ¿Vuestro jet privado tiene jacuzzi?
   ○ Sí, claro. ¿El vuestro no?

3. • En nuestra casa hace mucho frío.
   ○ Pues en la nuestra no hace nada de frío.

4. • Me encantan estos zapatos que llevas.
   ○ Los tuyos también son muy bonitos, de verdad.

5. • El coche que me he comprado tiene compact disc y airbag.
   ○ El nuevo de mi hermano también tiene airbag.

6. • El coche de tu primo también es blanco, ¿no?
   ○ No, el suyo es marrón.

13 *Ejemplos:*

ALUMNO A
- En mi país el tiempo es muy malo en esta época del año.
- En el mío también: llueve cada día.

- A mis hijos les encanta la música hip hop.
- Pues a los míos les gusta más el rock.

- Mi gato es muy travieso.
- El mío también.

- Estos zapatos que llevas son horrorosos.
- Pues los tuyos todavía lo son más.

ALUMNO B
- Mi coche es más rápido que el tuyo.
- Ya, pero el mío es más bonito.

- Mis vecinos son muy tranquilos.
- Los míos no. Hacen muchísimo ruido.

- En mi barrio hay muchos parques y zonas verdes.
- En el mío también.

- Tienes una letra muy bonita.
- La tuya también es muy bonita.

14 *Ejemplos:*

Te ha llamado José Luis. Dice que mañana no podrá ir a tomar café a casa de Javier. Dice que lo siente mucho pero que ha llegado su hermana de visita y que se va a quedar hasta el sábado.

Ha llamado Javier. Pregunta si mañana vais a ir Ana, Beatriz y tú. Dice que le llames para confirmarlo.

Ha llamado tu madre. Te recuerda que mañana es el cumpleaños de tu padre y dice que le llames.

Ha llamado Toni. Dice que se va a pasar por casa a las siete o siete y media para ver una película con unos amigos porque su televisión se ha estropeado.

Han llamado del Banco del Mediterráneo. Dicen que mañana tienes una entrevista de trabajo a las diez en las oficinas centrales.

15

1. He visto a la señora María. Me ha dicho que he engordado un poco y me ha recomendado la dieta que hizo ella.

2. Me he encontrado a Manolo y nos ha invitado a cenar a su casa. Ha dicho que él cocina y que nosotros llevemos el vino.

3. He visto a Edu y me ha pedido que le deje el coche este lunes porque el suyo está en el taller y tiene que ir a recoger a su madre al aeropuerto.

4. Me he encontrado a Carlos y me ha dicho que te diga que mañana te llevará los libros que le prestaste.

16 *Ejemplos:*

1. Jorge: "Deberías hacer un curso de informática. Es muy práctico."
   Jorge me ha aconsejado que haga un curso de informática. Dice que es muy práctico.

2. Marta: "¿Me puedes dejar ese libro de cocina que compraste en Italia?"
   Ha llamado Marta para pedirme el libro de cocina que compré en Italia.

3. Rosa: "¿Vais a venir a visitarme este verano?"
   Rosa pregunta en su carta que si vamos a ir a visitarla este verano.

4. Luis: "¿Puedes llevarme mañana a la oficina los discos que te dejé?"
   Me ha dicho Luis que le lleve mañana a la oficina los discos que me dejó.

5. Pedro: "Oye, por cierto, ¿tú desde cuándo tienes novio?"
   Pedro va y me pregunta esta mañana que desde cuándo tengo novio. ¡Y a él qué puede importarle!

17 *Ejemplo:*

Querida Mabel:

Te escribo desde México, donde estoy pasando unos días formidables con unos amigos. Nos estamos divirtiendo mucho. Javier está aquí. También Lucas, un chico que vive en Ciudad de México y que también tiene una casa en Oaxaca. No sé cuánto tiempo voy a quedarme pero cuando vuelva, ya os llamaré para avisaros. Por cierto, ¿podéis por favor pasaros por casa a sacar el correo del buzón? Bueno, ya acabo, que me están esperando. Un besazo.

P.D.: Dale muchos recuerdos a Ramón de mi parte.

Ana

1

1 el tango

2 Buenos Aires

3 el vino

4 Jorge Luis Borges

5 la carne

6 La Pampa

2

	PAÍSES
la superboblación de la capital	Argentina
la corrupción de los políticos	Argentina
la delincuencia	Argentina, México
la contaminación	México
el terrorismo	España
el desempleo o paro	España, Argentina, México

3

¿Qué es el asado de tira? ¿Carne o pescado? **Carne**
¿Qué puede ser el chimichurri? ¿Una verdura o una salsa? **Una salsa**
¿Milanesas es un plato de carne o de pasta? **De carne**.
¿Qué es bife a caballo? **Es un bistec con un huevo frito encima**.
¿Qué es el dulce de leche? **Es leche calentada hasta que se hace dulce**.
¿Qué es el durazno? **Melocotón**.

6

Ejemplos:
HANS: Curso privado
VERA: Curso extensivo
CHRISTIAN: Español para viajeros
LEE: Curso intensivo

9

1. **c.** Es una cosa para beber, creo.
2. **a.** Nada, no me pasa nada, estoy bien...
3. **b.** Sí, yo no me llevaría nada bien con ella.
4. **a.** Yo tampoco.
5. **a.** Pues no tengo ni idea.
6. **a.** El verano pasado.
7. **c.** No, ¿por qué?
8. **b.** Yo viajando, hablando con amigos españoles.
9. **a.** ¿Te va bien a las 7h?
10. **b.** ¿Y para qué sirve?
11. **a.** De cualquier material, pero que sea grande y fuerte.
12. **a.** Fuimos a cenar a casa de unos amigos.
13. **a.** Sin duda.
14. **a.** Ah, ¿sí? ¿Qué les ha pasado?

12 *Ejemplos:*
Alguien pregunta a Pedro si sus padres aún están enfadados con él porque no aprobó el examen y él dice...
"Ya se les ha pasado."

Un amigo de la universidad pregunta a Pedro cuándo entregó María el trabajo al profesor Pérez y él le contesta...
"Se lo dio el jueves."

Alguien pregunta a Pedro cuántos caramelos quedan en el paquete y él le responde...
"Quedan unos cuantos."

Alguien pregunta a Pedro qué piensa sobre Jaime y él le dice...
"No lo aguanto."

Su novia le pregunta cómo cree que se llevarían sus respectivos padres y él le dice...
"Se llevarían bien."

Alguien pregunta a Pedro si le gustaría estudiar Economía y él le responde...
"No, no me gustaría."

Alguien pregunta a Pedro qué le pareció una película y él contesta...
"Me pareció aburrida."

Alguien pregunta a Pedro dónde fue la presentación del libro y él le contesta...
"Fue en la universidad."

Su doctor le pregunta con qué frecuencia tomaba las pastillas contra el insomnio y él responde...
"Me las tomaba todas las noches."

Su hermana le pregunta qué debe hacer con las llaves del piso y él dice...
"Se las llevas a Emilia."

Alguien le pregunta si sabía que el viernes fue el cumpleaños de Paolo y él le responde...
"Yo no lo sabía."

13 **1.** Pasamos las vacaciones en un **lugar** muy bonito, en el norte de España. Está cerca del mar, pero en la montaña.

2. Mañana por la noche no podemos, vamos a **cenar** a casa de unos amigos. ¿Por qué no quedamos el viernes?

3. Tengo muchas ganas de **pasar** unas vacaciones en Menorca. Me han dicho que es una isla preciosa.

4. Es una persona encantandora. Es simpática, amable y tiene mucho **sentido del humor**.

5. Su mejor **cualidad** es que sabe escuchar a los demás.

6. Yo no soporto los concursos de la tele. Los **odio**. Me parecen todos muy infantiles.

7. Ana y su suegra no **se llevan** nada bien. Siempre están discutiendo por cualquier cosa.

8. El peor defecto de Susana es **el egoísmo**.

9. Para trabajar en este tipo de empresa hay que **saber** varios idiomas.

10. A Gustavo le he comprado una corbata de su color **favorito**, el verde.

11. Le han dado un premio Goya por su trabajo como mejor **actriz** secundaria.

12. En las conversaciones con españoles o latino-americanos, noto que todavía tengo que **aprender** mucho español.

13. Hace dos meses que **dejé de fumar** por la bronquitis, pero todavía tengo mucha tos.

14. Actualmente no es fácil vivir de una forma sana. Los alimentos no son naturales, vivimos en grandes ciudades, sufrimos mucho estrés... Pero yo creo que se puede **intentar**.

15. ¿Este fin de semana? Me parece que nos vamos a **quedar** en casa porque Eva no está muy bien. Tiene un resfriado muy fuerte.

16. Galavisión es **una cadena** de televisión que emite en español por satélite para todos los países hispanohablantes.

17. A mí me encanta ir a ver **exposiciones** de arte, de pintura contemporánea especialmente. Ayer precisamente fuimos a ver una de dibujos de Picasso.

18. El cardiólogo le ha dicho a mi padre que tiene que **cuidarse** más: hacer un poco de deporte, caminar más, comer de una forma más equilibrada...

19. Verónica ha **adelgazado** mucho los últimos meses, unos 10 kilos.

20. Anoche fuimos al Teatro Albéniz a ver una **obra** de Shakespeare; era una compañía inglesa muy buena.

21. He llamado a PizzaMundo y nos **traerán** enseguida unas pizzas y unas cervezas. Así nos podemos quedar aquí trabajando.

22. Le molesta mucho aquí en la pierna y se le ha hinchado bastante. Seguramente es una **picadura** de algún insecto.

23. Los días laborables, al medodía, es mi marido quien suele **preparar la comida**. Yo cocino los fines de semana y por las noches.

24. Me duele un poco el estómago. Algo me ha sentado mal. Voy a **hacer dieta** un par de días.

14

DE GUANTÁNAMO A LA HABANA

Guantanamera es la última película **de** Tomás Gutiérrez Alea y la segunda en **la** que colabora con Juan Carlos Tabío: la **primera** fue *Fresa y chocolate*.
La acción central de *Guantanamera* parte de **una** situación real: en Cuba escasea, **entre** otras cosas, el petróleo. Siendo así, ¿qué se puede hacer cuando **una** persona que vive en La Habana **viaja** hasta Guantánamo (en el extremo oriental de la **isla**) y se le ocurre morirse **allí**?
El hilo conductor de la película **es** el traslado de un cadáver desde Guantánamo **hasta** La Habana en un **trayecto** de 1.000 kilómetros con **todos** los ingredientes de una comedia. Y es que los autores **piensan** que el humor debe ser una herramienta para exponer con la mayor fuerza todos **los** aspectos de la **naturaleza** del ser humano, y entre **ellos**, el amor y la muerte.

(*El País*, texto adaptado)

CANAL + EMITE EL LUNES 23 A LAS 22H GUANTANAMERA, DIRIGIDA POR TOMÁS GUTIÉRREA ALEA Y JUAN CARLOS TOBÍO

15

1. En la empresa necesitamos una nueva secretaria bilingüe. Buscamos a alguien que...
   a. hable muy bien inglés.

2. Carlo aprendió inglés de niño, porque...
   b. su familia vivió unos años en EE UU.

3. Quiero salir con una amiga, invitarla a cenar por ahí. ¿Cómo se lo pregunto?
   b. ¿Has quedado con alguien esta noche? ¿Por qué no vamos a cenar juntos?

4. Creo que mañana Brigitte cumple treinta años. ¿Cómo lo pregunto?
   b. Mañana es el cumpleaños de Brigitte, ¿no?

5. Quiero saber la opinión de alguien sobre una película que vio el otro día. Le pregunto...
   b. ¿Te gustó?

6. Me preguntan a dónde fui ayer por la noche. Respondo...
   a. Fui a cenar con unos amigos.

7. Explico por qué llego tarde a clase: "Es que..."
   a. he tenido un accidente.

8. Llamo a una pizzería para encargar pizzas y digo...
   b. Tráiganme, por favor, dos napolitanas y una caprichosa.

9. Los niños se pelean hoy todo el tiempo, han roto varias cosas...
   a. Hoy están un poco pesados.

10. Últimamente Herminia y Federico tienen algunos problemas.
   b. No se llevan muy bien.

11. Ha llamado tu hermano. Quiere saber...
   a. si vas a ir hoy a su casa.

12. En una fiesta hay una chica que no conoces. Preguntas:
   a. ¿Quién es esa chica de negro?

13. Un amigo te pide prestado un libro. ¿Cuál puede llevarse? Le respondes:
   b. El que quieras.

14. Piensas que Roberto no va a venir hoy a clase.
   b. No creo que venga.

16 SALUD: infección, fiebre, doler, tensión, consultorio
RELACIONES ENTRE PERSONAS: entenderse, tensión, divertirse, discutir
CARÁCTER: perezoso/a, celos, generoso/a, cerrado/a, orgulloso/a, sensible
OCIO: salir a cenar, divertirse, concierto
VIAJAR: turismo, conducir, reservar
LENGUA: escribir, entender

17 *Ejemplos:*
Ir al cine, salir a tomar algo, ir a bailar, **ir al teatro, ir a un concierto, ir a un espectáculo de danza**..

beber alcohol, fumar, no hacer ejercicio, **dormir poco, comer mal, trabajar demasiado**.

corazón, hígado, pulmones, **riñones, estómago, intestino**.

hablar, escuchar, traducir, **entender, interpretar, escribir**.

nervioso, contento, triste, **emocionado, deprimido, alegre**.

enfadarse, quererse, llevarse bien, **pelearse, amarse, entenderse**.

tímido, sociable, abierto, **cerrado, insociable, extrovertido**.

continente, país, **nación, región, pueblo**.

18 *Ejemplos:*
HOSPITAL: enfermera, médico, sala de espera, urgencias, operación.
CULTURA: cine, teatro, música, literatura, danza.
PAREJA: enamoramiento, amor, boda, familia, pasión.
EMPRESA: empleado, jefe, administración, sueldo, contrato.
ECONOMÍA: dinero, bolsa, empresa, gasto, ahorro.
CONCIERTO: sala, público, música, ritmo, cantante.
PUBLICIDAD: anuncio, márqueting, eslogan, servicio, oferta.
AMOR: enamorarse, celos, pasión, deseo, ternura.

AGENDA

• ¿Qué **LE** ha pasado a tu hermana?
○ No sé. Se ha **PUESTO** muy nerviosa.

• ¿Le has dicho a Juan que iremos a verlo?
○ No, **SE LO** diré mañana, cuando **VENGA** a casa.

No aguanto que me **DIGAN** lo que tengo que hacer.

	SOLUCIÓN	LO HE ENCONTRADO EN LA PÁGINA
1	**LE**	**145**
2	**PUESTO**	**146**
3	**SE LO**	**113**
4	**VENGA**	**112**
5	**DIGAN**	**144**